La biblia del trading de accio análisis técnico oculto

Secretos revelados del trading

Conceptos básicos y avanzados de trading

Explicación gráfica y teórica de mi método personal de inversión más rentable

By

Jonathan Lopez

¿Te has preguntado por qué siempre pierde el público general y solo unos pocos ganan?... En gran medida se debe a un conocimiento secreto oculto a simple vista.

Y si te dijera que estoy dispuesto a contarte y demostrarte cosas que no aprenderás en ningún curso y que los que entienden de esto lo guardan en secreto para sí mismos...

También abarcaremos desde conceptos básicos a conceptos más complejos del trading de acciones, incluida la explicación gráfica y teórica de mi sistema de inversión más rentable en el largo plazo.

Introducción personal

Todo comenzó hace unos años... vivo en Argentina y como muchos saben es un país donde la moneda local carece de valor, ya que todos los años vivimos con una constante inflación altísima que devalúa nuestra moneda, gracias a las malas decisiones y medidas políticas que rigen en el país ya hace mucho tiempo.

Un amigo mío en el trabajo me comenta que solo le es posible ahorrar en dólares para no perder el poder adquisitivo ahorrado, a su vez me cuenta que siempre le intereso el mundo de las inversiones y que soñaba con que sus inversiones le permitieran vivir sin necesidad de trabajar, pero por problemas personales nunca se tomó el tiempo necesario para ello.

A partir de ese momento y gracias a sus comentarios comencé a estudiar y a interiorizarme en el tema, descubrí que era un mundo inmenso y que existían muchísimos métodos de inversión, tantos que sería imposible aprenderlos todos. Empecé comprando y revendiendo dólares ya que en el país existen restricciones y cepo cambiario, por lo que logré hacer algo de dinero de esa manera. Luego avancé a fondos de inversión pasivas donde recibía una pequeña ganancia diaria, pero me di cuenta que el riesgo de devaluación constante del país ponía en riesgo ese dinero y ganancia en peso argentino que es la moneda local del país. Entonces me interese en inversiones en dólares para mantener el capital seguro en caso de devaluación de la moneda local, me aferre a las acciones extranjeras más precisamente de EEUU. Comencé leyendo libros, viendo videos, analizando gráficos... en fin, buscando información por todas las fuentes posibles que estaban a mi alcance. Estudié análisis técnico y fundamental, pero me di cuenta que algo faltaba, que había algo que se me escapaba... cómo alguien podía ganar consistentemente si ambos análisis tenían una probabilidad tan alta de fallar. Incluso acciones con buenas perspectivas futuras tenían caídas inexplicables que no lograba entender técnica ni fundamentalmente. Hasta que comencé a operar con dinero real; ganaba, perdía, pero sentía que no iba hacia ningún lado. A su vez todos los días analizaba gráficos en busca de patrones, señales alguna pista de algo que me ayudara. Hasta que me di cuenta de algo relacionado al volumen de operaciones y movimientos abruptos en las acciones, lo testeé, lo puse a prueba solo un par de veces... y funcionó.

Entonces creí haber encontrado el santo grial, fue cuando cometí un gran error y decidí apostar en grande por ese nuevo método poco testeado aún... y falle; fundí mi cuenta de la noche a la mañana con una pérdida del 80% en el valor de la acción en la que tanto confié. Esto sumado a que ese dinero era de un préstamo, por lo que no solo perdí ese dinero, sino que además debía dinero que no podía recuperar. Esto me destruyó mentalmente y deje el trading por unos meses, luego volví recupere algo de dinero e intentaría una vez más, pero volví a cometer un error grave... y fue interesarme en acciones de poco valor muy volátiles, por lo que tarde o temprano fue cuestión de tiempo para volver a caer y fallar. Volví a perder casi todo lo ganado una vez más. Comencé a pensar que esto era imposible y que no era lo mío.

Tiempo después, repasando gráficos en frío, me di cuenta que lo que le faltaba a mi ecuación ganadora era el contexto, me di cuenta que no solo el volumen y las expectativas eran importantes, sino que el contexto era la tercera pata de la mesa que lograba mantenerla o destruirla. Así es que por un largo tiempo seguí repasando gráficos a darío hasta pulir mi trading; y esto es lo que mostraré y explicaré en los siguientes gráficos en este libro.

Este fue un resumen muy corto de mis travesías e inicios en el trading ya que, si tuviera que contar por todo lo que he pasado estos últimos años, no terminaría más de explicarlo...

Breve Introducción

A lo largo del libro explicaré, mediante gráficas reales tomadas en estos últimos años y análisis propios, mi método de inversión más eficiente y propio obtenido con experiencia personal, centrado en la inversión a largo plazo y consistente en el tiempo. Detallaré en qué me suelo enfocar para identificar una buena inversión consistente y segura. Todas estas gráficas son exclusivamente de acciones de Estados Unidos, ya que es en lo que exclusivamente decidí centrarme y perfeccionar.

Algunas ideas y análisis serán breves porque que mi idea principal es que sea un libro corto, dinámico, consistente y una especie de guía a la que recurrir brevemente siempre que se necesite.

Es mi deseo que ayude a mucha gente a comenzar a invertir de manera eficiente y satisfactoria con la ayuda de toda mi experiencia recolectada estos últimos años...

¿Qué debo saber y cómo empezar a invertir en acciones?

Comenzaremos por sacar algunas dudas básicas que toda persona suele tener cuando se inicia en este tipo de inversiones:

❖ **¿Cualquier persona puede ser inversor?** Hoy en día cualquier persona puede empezar a invertir gracias a la tecnología actual y plataformas de trading de manera sencilla y con muy poco dinero, pero esto no significa que cualquier persona está capacitada o tiene lo necesario para ser un inversor consistente. Para lograr ser consistente es necesario si o si apegarse a un plan de trading bien testeado y con buenos resultados en el tiempo, ya que todo plan de trading tiene un cierto margen de error. No existe ningún plan de trading 100% efectivo... hasta los más grandes inversores de todos los tiempos han fallado y tenido malas elecciones de inversiones. Lo importante en este plan de trading es que sean mucho más los aciertos y las ganancias, que las pérdidas y equivocaciones, para dar una consistencia positiva y de crecimiento en el tiempo como lo hacen grandes inversores famosos como Warren Buffet. Además de un plan de trading necesitamos ciertas características que todo profesional debería tener, estas son la paciencia, el enfoqué y la disciplina. Sin ellas sería imposible ser consistente en el tiempo...

Ciertamente se sabe que un inversor impaciente es muy propenso a realizar una mala inversión en el momento menos apto para invertir, impactando negativamente sobre sus inversiones; el enfoque también es determinante en nuestro camino de trader. Es imposible que un trader lo sepa todo o abarque gran cantidad de saberes y métodos de trading, así como diferentes tipos de inversiones. Todos estos saberes llevan mucho tiempo entenderlos en profundidad por lo que siempre es mejor tener un enfoque especifico y ser el mejor en eso, en vez de simplemente saber un poco de todo pero no perfeccionarte en nada. Los mejores resultados aparecen siempre en un enfoque determinado y con metas establecidas y claras; la disciplina va a ser otro pilar importantísimo en nuestro camino, se debe establecer un sistema claro y sencillo con parámetros fijos para poder ejercer esa disciplina en nuestro sistema de trading y no desviarnos de esos parámetros, como por ejemplo: si determinada acción no cumple ciertos requisitos voy a ser disciplinado y esperar el momento oportuno en donde aparezcan los parámetros que mi plan de trading me indique que es el momento óptimo para invertir.

❖ **¿Puedo invertir con poco dinero?** En principio sí es posible invertir con poco dinero y esto mismo es lo que recomiendo si eres un inversor novato, ya que al principio todo trader suele cometer errores por falta de experiencia y es mucho más fácil mentalmente y monetariamente mantenerse en el juego con pérdidas pequeñas, que arriesgarlo todo y fallar por no estar preparado. Pero, si ya llevas un tiempo en esto, sin dudas las ganancias comienzan a ser notorias solo si el capital invertido es grande, ya que hay que tener en consideración las comisiones por operar. Y no solo esto, sino que las ganancias son en porcentaje al dinero invertido, por lo que no es lo mismo ganar en una operación el 20% de 1.000 dólares (200 dólares) que ganar el 20% de 100.000 (20.000 dólares), por lo que el monto que manejamos también es importante.

Como mencioné anteriormente lo mejor es empezar de a poco y con pasos más seguros para así generar ganancias consistentes en el tiempo, lo que debería ser nuestra meta principal.

❖ **¿Es tan fácil invertir y obtener ganancias como se muestra por todos lados?**
No. La verdad es que el 90% de la gente que invierte pierde dinero tarde o temprano. Esto se debe a muchos motivos, pero principalmente es la falta de experiencia y no tener un sistema de trading consistente y testeado. También cabe mencionar que no deberíamos ser inocentes y saber que nos estamos metiendo en un juego de "suma 0". Esto significa que el dinero que uno gana no sale de la nada... para que alguien gane otro tiene que perder. El dinero se transfiere, por lo que aquí solo ganan unos pocos y el juego esta echo para que así sea, es por eso es que tanta gente entra y con la misma rapidez se va con las manos vacías tarde o temprano. En cierto sentido es como una jungla y solo se mantienen los más fuertes, los que mejor se adaptan.

❖ **¿Cuánto tiempo puedo tardar en aprender a invertir bien?** Depende mucho de cada persona en particular, cuánto tiempo le dedique, si es una persona diciplinada y con buen enfoque, dedicación, ganas de aprender, etc.
Yo consideraría mínimo 1 año de preparación para poder comenzar a invertir más fuerte y seguro. Personalmente me tomó alrededor de 4 años poder tener mi propio método de trading, pero en el camino hubo muchos altibajos y muchísimos cambios de sistemas de trading hasta encontrar el que mejor me funciono.

❖ **¿Qué debo estudiar?** Se podría comenzar por libros, videos de redes sociales que enseñen conceptos básicos, investigar a traders exitosos, pero lo más importante es analizar todos los gráficos que se pueda y testearlos.

❖ **¿Cómo debo prepararme antes de una operación?** Se debe crear un plan de trading. Pregúntese ¿Cuál es el patrón? ¿Cuál es la mejor entrada? ¿Cuál es su nivel de riesgo y su precio objetivo? Necesitará repasar todos los indicadores, de lo contrario, solo estará adivinando y jugando con su dinero.

❖ **¿El trading se trata únicamente de capacidad técnica y conocimiento teórico?** No. Existe un factor emocional muy grande en el trading, incluso podríamos decir que la duda y el miedo a veces son usadas en nuestra contra para inducirnos a vender posiciones que los trader profesionales quieren obtener, y al contrario, la confianza y fe ciega también son usadas en nuestra contra cuando creemos que alguna acción subirá sin fin pero, de golpe y sin previo aviso, se desmorona sin motivo aparente. El trading exige nuestra capacidad técnica y mental por igual, inclusive me animaría a decir que en mayor medida se exigirá nuestra capacidad mental/emocional.

Conceptos básicos necesarios

Volumen

El volumen es un indicador clave de la actividad de mercado y liquidez de las acciones. Un volumen alto sugiere un mayor número de transacciones realizadas en ese momento determinado, ósea, un aumento de participantes operando. Por el contrario, un volumen bajo significa poco interés y pocas transacciones realizándose.

Soportes y resistencias

Los niveles de soportes y resistencias son frecuentemente utilizados en trading cuando los precios tienen dificultades para romper dicho nivel. Los niveles de soporte tienden a evitar que los precios caigan a un nivel más bajo. Los niveles de Resistencia tienden a detener precios de subidas y actúan como techo de precios.

Marco temporal/Time frame

El marco temporal es el rango del tiempo en el que vamos a centrar nuestro análisis y en el que vamos a implementar nuestra toma de decisiones. Existen dos grupos o tipos de Time Frame, los de corto plazo (de 5 segundos, 10 segundos, 1 minuto, 5 minutos, etc.) que se utilizan para el trading intradía, y los Time Frame de largo plazo (de 5horas, 1 día, 1 mes, etc.) los cuales se usan para confirmar o refutar un patrón, o indicar tendencias.

Tendencia

Podemos definir la tendencia de mercado en trading como la dirección en la que se mueve un mercado de manera sostenida durante un intervalo de tiempo determinado. Existen tres tipos de tendencia: alcista, bajista y lateral. El mismo nombre lo indica, por ejemplo, en una tendencia alcista los precios se encuentran subiendo regularmente haciendo cada vez nuevos máximos de precios.

Velas

Vela verde: el precio de cierre es superior a la apertura, es decir, el precio se ha incrementado durante este periodo.

Vela roja: el precio de cierre es inferior al precio de apertura, es decir, el valor de la acción ha caído en ese periodo.

Stop loss

Es una herramienta de gestión de riesgos que se debe considerar como parte de su estrategia de trading. Un stop loss es una orden a mercado que ayuda a gestionar el riesgo al especificar un precio al que se cierra su posición si el precio de un instrumento va en su contra.

Determinar una acción coherente para invertir

Las acciones en las que elijo invertir deben cumplir con ciertos parámetros que me aseguren un margen de error mínimo y un potencial grande. Las acciones elegidas son como una mesa de tres patas. Juntas, las tres patas, dan firmeza y seguridad pero, si una sola falla, la mesa se vuelve frágil y muy inestable… al borde de la ruina.

Estas tres patas de la mesa para mí son:

1. El contexto (propio de la acción y contexto de las acciones/sentimiento de mercado)

2. El volumen general y movimientos en el volumen (que tenga un volumen consistente y alto, propio de acciones famosas y con gran cantidad de inversores a largo plazo. Esto me ayuda a detectar más fácilmente movimientos de volúmenes para usarlo a mi favor)

3. Análisis técnico y movimientos de trampa profesionales (esto me ayuda a saber dónde pararme sin miedo y con margen de error, apoyándome en puntos técnicos estratégicos, sobre todo luego de determinar la intención en los movimientos de trampa profesionales que dejan al público mal parado y me dan una buena señal de hacia donde es probable que estén juntando liquidez, acumulando o deshaciendo posiciones)

La 4ta pata de la mesa

A pesar de tener muy en claro los anteriores tres conceptos necesarios en mis acciones, aun veía que a veces seguía fallando con algunas acciones que cumplían con esos tres parámetros y no lograba entender porque ocurría… había visto señales muy claras de buenas perspectivas futuras, aumentos de volumen con posible cambio de tendencia, rumores de crecimiento exponencial y aun así estas acciones ocasionalmente fallaban de igual manera. Esto me tenía loco y desconcertado, hasta que por fin entendí dónde estaba el error, hasta que encontré la cuarta pata de la mesa, la que me aseguraba casi al 100% que mi inversión daría frutos tarde o temprano. Y lo entendí… mi error estaba en elegir acciones desconocidas y acciones "basura" que, si bien son acciones con mucho potencial y que ocasionalmente dan rendimientos muy elevados en corto tiempo, tienen algo muy malo: son acciones sin respaldo y muy volátiles, y por si eso fuera poco, a veces se desmoronan y jamás se recuperan; entonces el riesgo/beneficio no merecía la pena en ningún caso, ya que el inversionista profesional que quiere mantenerse en el juego ganando siempre debe apuntar a la consistencia y a aumentar el valor de su cuenta con el menor riesgo posible, aunque eso signifique ir lento pero seguro.

También investigue la cartera de acciones de Warren Buffet, un inversionista reconocido mundialmente por sus buenos rendimientos constantes año a año, y vi que en su cartera solo tenía acciones "blue chip", ósea, acciones mundialmente respaldadas y de gran valor fundamental como por ejemplo Apple, Coca cola, Disney, MasterCard, American Express , Amazon ,etc... entonces pensé cómo puede ser que le vaya tan bien con acciones tan comunes y conocidas que, por lo general, no tienen movimientos abruptos en los precios. Luego de repasar muchas graficas lo entendí... la clave estaba en que eran acciones con tendencias alcistas a largo plazo, y no solo eso (que ya de por si es muy bueno), sino que la clave principal en estas acciones estaba en "cuándo entrar" y "cuándo salir" para así obtener un gran rendimiento y prácticamente un riesgo nulo en mediano y largo plazo, sería un "win/win". Cómo no lo vi antes, las señales estaban ahí... y dije claro, por supuesto no lo vi, porque la avaricia, la impaciencia y el mito de que esas acciones no dan grandes rendimientos me hizo desviarme a acciones basuras que prometían hacerme millonario en forma rápida. Imagino que la gran mayoría termina cometiendo estos errores al principio y solo logran entenderlo si se mantienen en el juego mucho tiempo, ya que no hay mejor maestro que la experiencia.

A partir de ahora solo me enfocare en acciones de gran calidad denominadas "blue chip". Era la información que faltaba en mi ecuación para mi inversión segura a largo plazo.

¿Porque los profesionales actúan de esta manera?

En principio hay que entender algo muy simple y que el público inversor minorista no toma en cuenta, y es que los profesionales manejan cuentas enormes de millones de dólares, a diferencia del público minorista que tiene cuentas pequeñas de solo unos pocos miles de dólares o menos. Y he aquí la razón... el trading es un juego de suma 0. El dinero se transfiere de una cuenta que pierde dinero a otra cuenta que gana dinero, y los profesionales saben muy bien esto y actúan en consecuencia. Ellos no pueden simplemente vender sus millones de posiciones al mercado como lo hace un minorista que opera con un ínfimo volumen (que tiene pequeñas posiciones y sus ventas no mueven el mercado, ni son detectadas a simple vista particularmente), si los profesionales actuaran igual que el público y vendieran a mercado sería algo muy obvio en la gráfica y no encontrarían las contraposiciones de compra del público para ellos poder vender. Quién en su sano juicio compraría algo que está cayendo y desmoronándose abruptamente con ventas enormes. Nadie. Es por eso que no pueden actuar imprudentemente en el mercado y deben comprar o vender en secreto sin que el público lo perciba para aprovecharse de las posiciones tomadas por ellos. Si los profesionales quieren vender deben incitar al público a comprar sus posiciones mediante manipulacion psicologica y gráfica, para ellos poder encontrar sus posiciones de ventas masivas sin que el público sospeche. De esta manera deshacen sus posiciones lentamente sin que nadie se dé cuenta. Por el contrario, cuando los profesionales necesitan comprar, generan en la percepción de la gente la idea de vender para así encontrar ventas masivas y ellos poder comprar posiciones enormes sin problemas. Por suerte para nosotros, todas estas maniobras necesarias para entrar y salir del mercado de los Profesionales con cuentas abultadas y enormes, no pasan desapercibidas y la mayoría de las veces suelen dejar rastros o señales que podremos usar a nuestro favor para ir en la futura dirección a la que planean dirigirse ellos.

Nosotros debemos actuar como pequeños ratoncitos que van recogiendo las migajas que van dejando los grandes inversores que manipulan el mercado, esta es la manera más sencilla y confiable que encontré luego de varios años testeando miles de gráficas y probando muchísimos métodos de inversión, que terminaban fallando tarde o temprano por el hecho de que el mercado no siempre entiende de razón y estadísticas. Cabe recordar que la manipulación del mercado es algo real y algo que debemos aprender a usar a nuestro favor.

En las próximas gráficas a lo largo del libro mostraré y explicaré todo esto con capturas de gráficas reales para que les quede bien claro y puedan beneficiarse de todo esto.

¿Qué observo a simple vista y cuáles son mis referencias?

En principio, mi acción debe ser una "blue chip" (una acción de gran valor fundamental) la observo en dos líneas temporales grandes que son la diaria y mensual. Esto me ayuda a dar una perspectiva rápida del pasado y su posible futuro, si es necesario y tengo dudas voy a líneas de tiempo más cortas (de 1 hora o 15 minutos) para observar movimientos raros en el precio y poder detectar mejor en las velas si hay profesionales entrando o saliendo de la acción que estoy observando. Luego marco zonas de soporte y resistencia que considero importantes, ya sea porque detecto aparición de volumen sospechoso, movimientos raros o simplemente el análisis técnico me dice que es un soporte o resistencia. Luego me concentro en el volumen y la forma en que aparece, es decir, cómo se comportan las velas con respecto a ese volumen; si aparece rechazo en las velas en momentos importantes y las reacciones y formas que toman. Esto me da mucha información a tener en cuenta.

Con estas sencillas observaciones rápidas en unos minutos ya puedo tener varias acciones marcadas en seguimiento y luego simplemente dejo las que me parecen más seguras de acuerdo a mis parámetros y experiencia. Luego simplemente es esperar el momento oportuno de invertir apoyándome con análisis técnico a mi favor, esto no quiere decir que opere todos los días, para nada, la mayoría de días simplemente doy un vistazo y marco acciones en mi lista esperando el momento oportuno para sacar mayor provecho y tener un riesgo mínimo, casi nulo. La clave es ser paciente y como si se tratara de un sniper dar un tiro certero y seguro. Algunas de mis inversiones pueden durar desde días, semanas, hasta varios meses sin ver resultados positivos grandes, pero los resultados llegan tarde o temprano. Algunas veces marco acciones que tardan meses en cambiar de tendencia para así poder unirme. Hay que tener algo muy en cuenta en estas acciones fundamentales, se mueven más lento que acciones chicas porque la cantidad de dinero que entra y sale es enorme y los profesionales a veces tardan semanas o meses en comprar o deshacer sus posiciones discretamente. Esto puede parecer algo malo, pero es todo lo contrario… podemos usar esto a nuestro favor para estar siempre del lado ganador, es decir, del lado profesional.

Graficas reales analizadas con mi método

<u>TESLA</u>

En Tesla podemos observar que en enero de 2021 aproximadamente llega a un posible techo máximo (rondando los 900) que usaremos a nuestro favor como referencia para futuras inversiones, ya que a partir de ese punto el precio cambia de tendencia alcista a tendencia bajista. Esta zona de los 900 la marcaremos como zona de venta por que es ahí donde la acción comienza a encontrar resistencia y ventas consistentemente impidiendo que el precio continue su racha alcista. Lo próximo que observamos es que, al caer el precio a los 630 aproximadamente, aparece un fuerte volumen que logra hacer rebotar el precio hacia arriba levemente (por lo que ésta es la primera señal fuerte de compras encubiertas). Por la inercia de ventas y sentimiento de mercado vendedor la acción no logra revertir ni consolidarse en ese precio y continua cayendo pero marcamos esa zona, al caer por debajo de ese soporte imaginario de 630 observamos que lo normal es que los inversores minoristas entren en pánico y vendan masivamente, lo que parece ser una posible zona de trampa de liquidez a confirmar. Al caer a los 600 y por debajo de los 600 aparece nuevamente un volumen sospechoso que impulsa el precio nuevamente hacia arriba (segunda señal a tener en cuenta por posibles compras profesionales), observamos que el precio comienza a estabilizarse alrededor de los 600, una muy buena señal para abrir una operación a largo (comprar la acción). En este punto solo resta realizar una buena compra alrededor de la zona de compra que logramos descubrir entorno a los 600 y vender a criterio personal con un posible objetivo de 900 o más aproximadamente. Y un objetivo mínimo de venta entre los 720, ya que es ahí donde el precio rebota y encuentra resistencia dándonos una buena salida con ganancia y un riesgo casi nulo,

pero también con un riesgo beneficio muy a nuestro favor.

PFIZER (Primer gráfica)

En esta gráfica con un Time Frame mensual podemos observar varios puntos interesantes en los que luego haremos énfasis al detalle en gráficos diarios, pero por el momento me interesa que aprendan a observar en mensual por que allí es donde podemos marcar más fácilmente la tendencia, las resistencias y soportes principales; ya que en el gráfico mensual podemos ver fácilmente los movimientos grandes de dinero y de interés institucional/profesional.

Marcaremos con una "V" los posibles puntos de venta institucional donde el volumen y la reacción del precio posterior nos indican que han vendido muchísimas posiciones. Usaremos estos datos a nuestro favor para saber que éstas son zonas de ventas profesionales.

Ahora que ya tenemos un techo de venta buscaremos los puntos de referencias de compras institucionales, que por lo que logramos ver, se encuentran alrededor de los 34 dólares. Como podemos observar esta vez, las zonas de compras son mucho más disimuladas y el volumen no es tan obvio como otras veces, pero aun así hay pequeños picos de volumen que delatan la intención compradora juntamente con ese piso tan grande que soporta los precios por encima de 34. Estas señales sumadas a que sabemos que tenemos un techo de ventas en 42, nos da una idea de la oscilación de precio que podemos esperar futura y buscaremos unirnos rápidamente entre los 34/36 dólares antes que el precio suba a buscar la zona de ventas nuevamente. Vemos que cuando el precio llega a 40 ocurre una venta institucional grande y el precio se frena debido a esas ventas, pero no cae, y podemos intuir que simplemente estaban vendiendo posiciones, pero aún les quedan muchas más por vender y sacar su beneficio. Por lo que el precio, luego de un mes de lateralizar en los 40 retoma su tendencia inevitable hacia arriba, para por fin ocurrir las ventas institucionales finales que son delatadas por gran aumento de volumen y verticalidad excesiva; también sabemos que superaron nuestro techo de ventas por lo que es otra señal más para estar pensando en vender y no en mantener. Ahora simplemente es cuestión de poner un stop loss por arriba de 44 e ir subiéndolo de a poco y esperar que los movimientos del precio y retrocesos nos saquen del mercado y nos dejen afuera con un buen beneficio.

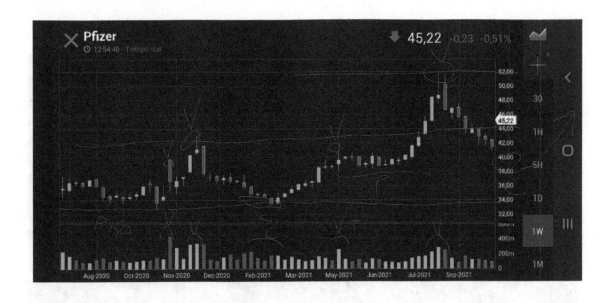

PFIZER (Gráfica 2)

Aquí haremos un zoom en el movimiento de acumulación profesional, dirigiéndonos a un Time Frame menor, un Time Frame diario, donde podremos ver mejor los aumentos de volumen y la manera en que compran los profesionales de manera muy discreta y desapercibida, para luego ya por fin comenzar la tendencia alcista buscando la zona de ventas mucho más arriba.

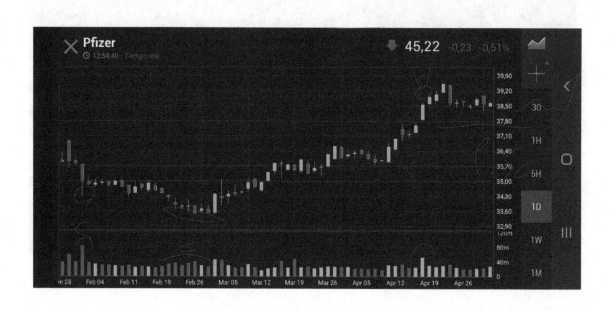

PFIZER (Gráfica 3)

Aquí haremos un zoom en el movimiento de distribución de ventas institucionales dirigiéndonos a un Time Frame menor, un Time Frame diario, donde podremos ver mejor la manera en que venden las instituciones/profesionales. Vemos como el proceso de ventas lleva muchos días gestándose, comienzan a vender en 40 y terminan de vender en 51. Observamos que venden discretamente y promedian las ventas al igual que lo hacen cuando compran y promedian las compras, esto lo hacen no porque quieran hacerlo así, sino porque manejan una absurda cantidad de dinero que sería imposible para ellos hacerlo de otra manera sin que el público lo note, y aunque no les importara que el público se dé cuenta tampoco existe la cantidad de acciones que ellos necesitan a un solo precio por lo que deben comprar/acumular o vender/distribuir en secciones para así satisfacer toda la demanda que necesitan, ya que hablamos de una demanda de acciones enorme de millones de dólares.

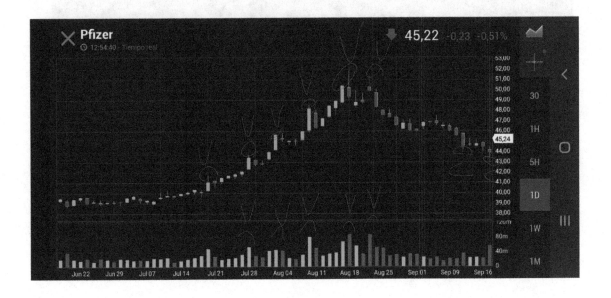

ROKU

En el primer gráfico de Roku con un Time Frame mensual observamos un pico máximo de 180 en septiembre de 2019. A partir de ahí comienzan movimientos bajistas que llaman mucho mi atención y que solo se pueden observan en detalle en un Time Frame más chico como es el gráfico 2 de Roku (Time Frame Diario) donde podremos percibir al detalle las compras profesionales. Usamos el grafico mensual de Roku para marcar los techos y soportes más fuertes y tener en cuenta las tendencias bajistas y alcistas. Observamos que cuando el precio se acerca a los 180 comienzan las ventas y el precio cae a zonas de mínimos, y por el contrario cuando el precio ronda los 100 encuentra mucha fuerza compradora que impulsa los precios, estas zonas de ventas y compras las tendremos siempre en cuenta para intentar hacer una entrada y salida de acuerdo a las zonas de Compra/Venta profesionales observadas.

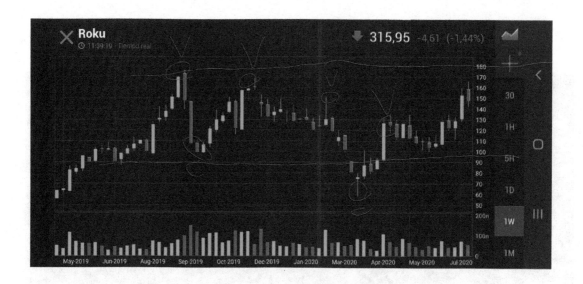

ROKU (Gráfico 2)

En el segundo gráfico de Roku con un Time Frame Diario podemos observar muchísimo mejor los movimientos profesionales e intentar sacarles ventaja. A principios de septiembre ocurre una tendencia bajista, pero logramos detectar, gracias al volumen, que esta tendencia bajista tiene tres acumulaciones de acciones muy marcadas.

Puesto que los profesionales operan con mucho dinero ellos deben promediar y comprar en diferentes rangos de precios para así no ser detectados y no llamar la atención. Su primera compra fuerte ocurre a los 140 pero este no es momento de comprar, siempre hay que recordar que las posiciones profesionales ocurren en un lapso de tiempo largo por lo que su inicio de acumulación solo es un aviso de alerta para nosotros. Debemos buscar el final de esa acumulación y el cambio a una tendencia alcista, para así evitar lo máximo posible los movimientos de trampa y las ventas desesperadas del público. Esperaremos hasta que el precio se estabilice y nos de varios puntos de referencia y confirmación.

Nuestra segunda señal de alerta ocurre cuando se rompe el soporte de los 140 de manera muy brusca y saltando muchas posiciones de stop loss del público, por lo que da a lugar a posiblemente un gran volumen de más acumulaciones profesionales y el precio se frena un poco en 130 aproximadamente. Pero aún no es el momento de entrar ya que la tendencia sigue siendo muy bajista y desfavorable para nosotros. Observamos un volumen altísimo en la 3ra caída y posteriormente, al pasar los días, llegando a finales de septiembre vemos como el precio de Roku comienza a estabilizarse y a hacer un cambio a tendencia alcista. Es nuestra señal de confirmación que los profesionales ya terminaron de acumular sus posiciones y la acción está lista para subir. Buscaremos entrar antes que el precio se nos escape, entraremos los primeros días de octubre con seguridad ya que tenemos a nuestras espaldas varias acumulaciones profesionales y un cambio de tendencia que nos deja muy tranquilos al menos a corto y mediano plazo; entramos alrededor de los 100/110 dólares y buscamos un beneficio mínimo de 140/150, ya que sabemos que en esos precios tenemos una resistencia que anteriormente fue soporte y teniendo en cuenta la acumulación de posiciones anterior podemos estar tranquilos hasta estos rangos de precios. Sabemos que la resistencia o techo mayor está en 180 pero a veces es muy arriesgado esperar a salir o entrar tan al final ya que los precios muchas veces engañan y no llegan hasta donde la lógica dictaría que lleguen. Una vez vendidas las acciones arriba de los 150 para no arriesgarnos a quedarnos atrapados y se desmoronen los precios en la zona de ventas profesionales, observamos que el precio nunca llego a los 180 pero sí estuvo muy cerca llegando casi a los 170 antes de empezar nuevamente a caer en picada. Nuestra jugada más optima es haber entrado en 110 y salir rápidamente, mínimo, en 150 para lograr obtener un buen beneficio en una tendencia alcista muy cómoda.

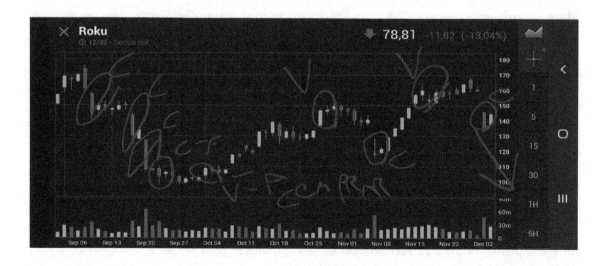

AMERICAN AIRLINES

American Airlines fue muy golpeada por la pandemia a principios de 2020, por lo que buscaremos hasta donde llegan sus mínimos y poder sacarles provecho a sus acciones tan castigadas.

Observamos en el gráfico Time Frame Mensual un aumento de volumen muy pronunciado a finales de marzo 2020. También observamos que el precio se comporta muy errático haciendo latigazos arriba y abajo por lo que esperamos hasta que el precio se estabilice un poco y forme algún piso que nos deje más tranquilos. Alrededor de los 10 dólares se forma una especie de piso/resistencia que resiste bastante bien por lo que buscaríamos entrar apoyados en la anterior aparición grande de volumen que actualmente tiene un precio muy reducido, anteriormente valía 30 y ahora está en 10. Esta reducción en el precio también nos dejaría algo tranquilos sobre todo a largo plazo y el piso que se está formando alrededor de los 10 dólares, una vez adentro, estaremos atentos a la primera señal de venta masiva o al posible final de la tendencia alcista; lo primero que aparezca.

A finales de mayo el precio inicia un rally alcista muy veloz y rápido con una aparición muy grande de volumen... ésta es nuestra señal de peligro, ya que lo más probable es que ese volumen tan abrupto y veloz se deba a posiciones institucionales que se están vendiendo muy rápidamente, aprovechando la euforia del público. Una vez el precio supera los 15/18 dólares comenzamos a poner un stop loss para acompañar el movimiento alcista evitando que el precio se nos de vuelta abruptamente y nos quedemos sin nada. Simplemente vamos subiendo el stop loss de a poco y esperamos que en algún momento se de vuelta y nos deje afuera con nuestro beneficio ya en las manos.

Una vez afuera volvemos a observar que el precio baja aproximadamente hasta los 10 dólares y parece mantenerse en un canal bastante seguro y a buen precio, por lo que podríamos volver a ingresar alrededor de los 11/12 dólares y, cuando el precio supere los 18 dólares, se dirija hacia los 20/22 dólares (que es nuestra resistencia anterior donde aparecieron muchos vendedores profesionales); así dejar un stop loss que nos saque sin riesgo y con beneficio. Volver a ingresar una 3ra vez lo veo como una mala idea por que el precio arriba de los 20 no es un precio tan atractivo para una compra, sino más bien todo lo contrario; pensaría más en vender arriba de los 20.

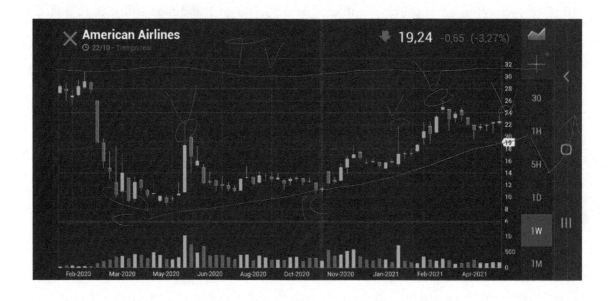

APPLE

En Apple a finales de enero de 2021 observamos que inicia un movimiento bajista de corrección. En esta acción aparece muy marcado algo que me gusta encontrar y me da seguridad para realizar una entrada tranquilo en este tipo de acciones blue chip (acciones de gran valor fundamental), y es ese patrón profesional de tres grandes acumulaciones de volumen promediando a la baja, que luego es confirmado por un piso y cambio a tendencia alcista, por lo que todas las posiciones profesionales compradas en esos puntos deben ser vendidas luego, y para que esto ocurra el precio de las acciones inevitablemente tienen que subir para que el público comience a comprar, y los profesionales hagan su contrapartida vendiendo sus posiciones compradas previamente en la caída.

Siempre hay que esperar el momento oportuno, esperar que terminen de acumular y solo comprar cuando empieza a ocurrir el cambio de tendencia, ya que nunca podemos estar seguros hasta donde dejaran caer las acciones.

El momento óptimo para comprar esta acción se encuentra alrededor de los 118/120 dólares. Luego de finalizada la acumulación profesional y se forma un suelo podremos entrar tranquilos; venderemos donde el precio encuentre resistencia y obtengamos una ganancia sustancial. Esta zona de venta aparece en los 135 dólares, esto no quiere decir que el precio no subirá más, sino más bien todo lo contrario, aquí la mano profesional toma ganancias, asusta al público y hace retroceder el precio hasta los 122 dólares para luego dos meses más tarde continuar con la tendencia alcista hasta arriba de los 150 dólares.

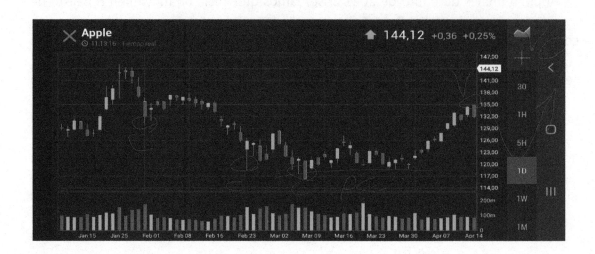

WALT DISNEY

Cuando ocurre lo que vemos en la gráfica no hay que dudar. Son oportunidades únicas de invertir. Vemos que en marzo de 2020 por culpa de la pandemia las acciones de Disney son muy castigadas cayendo rápidamente desde los 150 dólares hasta los 80 dólares. Previamente a la caída si tenemos el ojo bien entrenado vemos dos señales de peligro que son dos velas verdes muy marcadas con volumen de ventas profesionales, para luego bajar rápidamente. Y aquí es donde podemos entrar; pero no al principio de la caída, sino más bien luego de que terminen de caer tan verticalmente y las acumulaciones de posiciones profesionales finalicen, buscaremos entrar alrededor de los 90/100 y aguardaremos tranquilos sabiendo que tenemos una acción de gran valor a precios reducidos. Podemos buscar una venta cuando vemos esas ventas profesionales con volumen ocultas en una gran vela verde, por lo que nuestra salida seria alrededor de los 130 con un muy buen beneficio, o simplemente mantener la acción a largo plazo ya que tarde o temprano buscará precios mucho más altos cuando todo se normalice, sobre todo, luego de que tantos inversores profesionales han entrado masivamente.

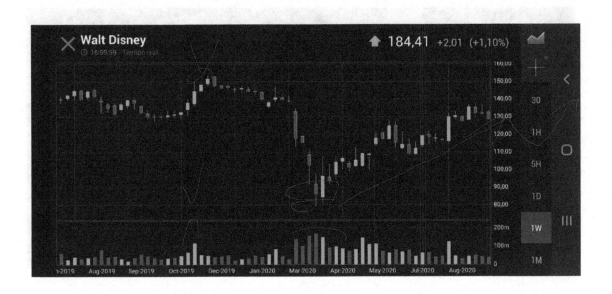

FACEBOOK

En Facebook podemos observar en el grafico diario que, a mediados de septiembre, comienza una tendencia bajista y observamos un patrón que me encanta pero que solo funciona en acciones blue chip, este mismo patrón lo he testeado muchas veces en acciones basura o acciones muy poco confiables... y ahí sí puede fallar; pero en acciones fundamentales este patrón tiene un éxito rotundo. Dicho patrón es el de tres grandes acumulaciones profesionales en la bajada (marcadas en rojo con la letra "C") esto significa que los profesionales están comprando mucha cantidad de acciones en esos puntos, esto genera una explosión de volumen, por ello aprovechan a comprar acciones gracias al miedo de la gente que se encuentra atrapada en la tendencia bajista. Luego de terminar esta tendencia bajista aproximadamente alrededor de 320/330 dólares, podemos buscar una entra en esos precios por lo que observamos un posible cambio de tendencia y aunque ocurra o no ese cambio de tendencia podemos estar muy tranquilos esperando adentro, sabiendo que ingresó mucho dinero de inversores de largo plazo, por lo que tarde o temprano el precio superara fácilmente los 400 dólares.

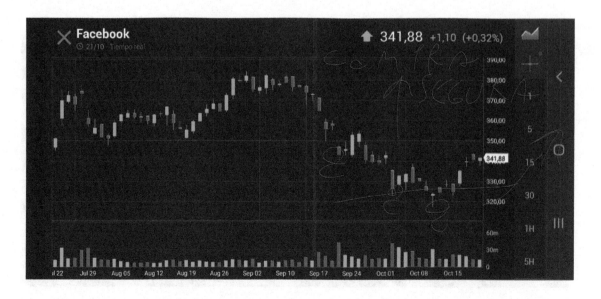

GRUPO FINANCIERO GALICIA

En este grafico observaremos que la acumulación se da de manera distinta a los anteriores, pero las señales de compra están muy claras. Si se lee entre líneas, vemos que en junio de 2019 aparece un gran volumen de ventas antes que el precio llegue hasta sus máximos en 175 por lo que simplemente tendremos en cuenta que es una posible zona de ventas ya que los profesionales tienen interés de vender en esa zona. Luego se confirma ese interés con una gran caída y una posible acumulación con volumen, pero al ser la primera nunca es recomendable entrar rápidamente ya que suelen promediar a la baja para comprar.

Observamos que sigue cayendo con un alto volumen debido a la gran cantidad de transacciones realizadas, que posiblemente sean a raíz de compras institucionales; pero aún no podemos estar seguros porque tenemos muy pocos puntos de referencia y vemos como el precio se da la vuelta y se nos escapa en una pequeña tendencia alcista, en ese punto no recomiendo comprar ya que una vez que el precio se nos escapa y sube por arriba de los 120 debemos recordar que se acerca a la zona de ventas profesionales y puede ser una muy mala compra entrar tarde.

Al entrar en la zona de ventas el precio se gira y cae (seguramente por manipulación del mercado) pero al final de esa caída aparecen muy buenas señales para que compremos con cierta confianza. Estas señales son el aumento de volumen (debido a que es una zona de compras profesionales muy interesante) y un movimiento de trampa que rompe el mínimo anterior de 58 para inducir al público a salirse por miedo o por rotura de stop loss; pero luego de ese movimiento trampa vemos que el precio recobra fuerza y forma un piso, entonces ya tenemos suficientes señales positivas para abrir una posición compradora sin miedo, ya que nos encontramos en una zona de compra con varios puntos de acumulación marcados.

También vimos un movimiento de trampa profesional por lo que sabemos que quieren dejar al público afuera y obligarlos a vender, y por último se formó un piso de compra con dos puntos de apoyo alrededor de los 60. Todas estas señales nos pueden dar confianza para abrir una posición de compra alrededor de los 60/70 y sacar una buena ganancia. Al subir el precio muy verticalmente comienza a aparecer mucho volumen de ventas institucionales y esto nos dice que estemos atentos a vender rápidamente.

Una vez entrada en la zona de ventas profesionales el momento óptimo sería en esa última vela verde enorme con gran volumen alrededor de los 150/180, pero no siempre es bueno esperar hasta el final del movimiento por lo que, haber salido mucho antes arriba de los 120 con un beneficio y no arriesgarnos mucho, también habría sido muy bueno.

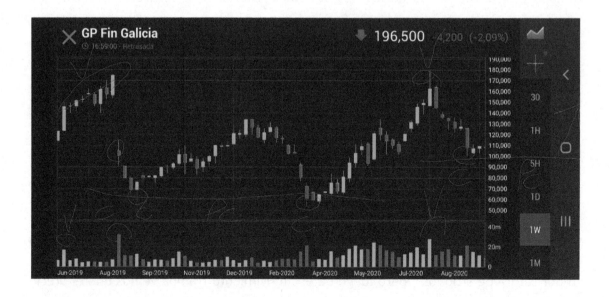

YPF

En YPF podemos ver claramente una caída abrupta desde los 800 hasta los 220 aproximadamente. Una locura de caída, el famoso cuchillo que cae... se dice que nunca es bueno intentar agarrar un cuchillo que cae porque es probable que termines cortándote. En el trading esto significa q es difícil intentar comprar algo que cae tan velozmente y lo más seguro es que compres mal y el precio siga cayendo. Para evitar esto, en primer lugar, tenemos que estar afuera observando con calma esperando el momento oportuno, observamos que en las dos ultimas caídas aparece un gran volumen, por lo que es nuestra primera buena señal para estar atentos. Luego vemos la reversión de una vela completamente roja que termina transformándose en un martillo, posiblemente gracias a un gran volumen de compras profesionales. Estas dos señales ya nos dejan bastante atentos a comprar en cualquier momento. Luego de esta vela martillo vemos que el precio comienza a estabilizarse y ya no parece buscar precios más bajos por lo que abrimos una posición de compra y cuando el precio se acerca a la zona de ventas profesionales buscaremos vender rápidamente arriba de los 600/700, ya que lo más probable es que arriba de esos precios la acción se encuentre con una resistencia muy fuerte a raíz las ventas institucionales, para luego dejar caer la acción.

GOOGLE (Gráfica 1)

Este grafico ocurre en 2018. Vemos cómo a finales de Julio llega a su precio máximo alrededor de 1280; algo a tener muy en cuenta antes que el precio se desmorone es que hay una muy clara señal de venta profesional en esa gran vela verde con enorme volumen y con un gran rechazo en el precio, haciendo que termine en forma de martillo invertido. Eso es una señal de alarma ya que podrían ser ventas profesionales desesperadas, aprovechando la euforia del público y la tendencia alcista; y efectivamente vemos como luego comienza la tendencia bajista que dura varios meses hasta aproximadamente un precio de 1000. Podemos darnos cuenta que alrededor de los 1000/1080 es un momento óptimo de compra ya que comienzan a entrar picos de volumen y el precio parece comenzar a estabilizarse y cambiar su inercia. Vemos que ocurre una trampa para alcistas; el precio se dispara hasta los 1120 para luego retroceder a un nuevo mínimo levemente por debajo de 1000. La intención de esta manipulación del precio fue inducir al público acomprar para luego dejarlos fuera con ese movimiento bajista y sacarlos con sus propios stop loss; una vez el público quedo fuera con una perdida, y los profesionales compraron sus posiciones, ahora sí realmente vemos como ocurre la tendencia alcista hasta volver a sus máximos en 1280... una clara zona de venta, dónde tomaremos beneficios saliéndonos. Luego más tarde aparece otro movimiento interesante en el precio que nos da una entrada nuevamente. Observamos que luego de una caída hasta los 1040 aparece un gran volumen de compras, que transforma esa vela roja que caía en una vela verde martillo. Esto sumado a que el precio regreso a la zona de compras profesionales nos da tranquilidad para poder abrir una compra y volver a vender cuando llegue a la zona de

ventas arriba de los 1280.

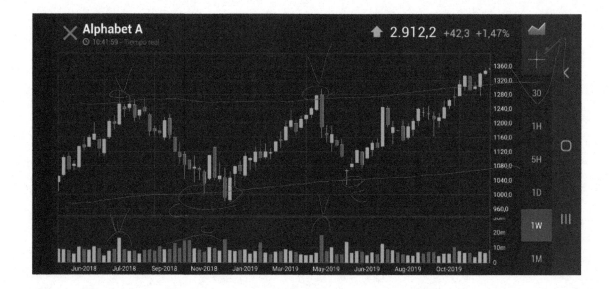

GOOGLE (Gráfica 2)

Siempre buscaremos estos patrones en las blue chips, acciones de mucho valor fundamental en grandes descuentos, pero estando seguros que se va a recuperar a largo plazo, que solo sean caídas pasajeras por algún motivo puntal. Podemos ver que desde sus máximos en febrero a 1500 comienza una tendencia bajista; jamás comprar al inicio de la tendencia, se debe esperar el momento oportuno. Observamos que durante un mes entero el precio continúa su caída lenta y constante hasta aproximadamente los 1100 y hay empiezan a aparecer las señales que nos interesan, empieza a entrar mucho más volumen de lo normal y el precio se estabiliza lentamente y comienza a formar un piso. Tomando en cuenta lo muy barato que se encuentra el precio, las señales del volumen y el posible fin de la tendencia bajista, podemos abrir nuestra posición compradora alrededor de los 1100. A partir de los 1300 en adelante mi visión y operatoria cambia a ventas ya que sabemos que anteriormente los 1500 fueron un techo máximo y, cuando se acerque a esos precios, lo más probable es que el precio comience a caer.

INTEL

Otra gráfica muy interesante es Intel. Estos últimos años el precio se movió lateralmente pero aun así es posible sacar ganancias en su lateralidad. Observamos una zona de ventas profesionales alrededor de 69 dólares y una zona de compras alrededor de los 45/48. Si somos inteligentes operando podríamos aprovechar estas zonas a nuestro favor, podríamos sumarnos en cualquier punto de compra, donde el precio es rechazado hacia arriba acompañado de aparición de volumen como son los puntos de compras en 45/48/45 y vender nuestras posiciones rápidamente en cualquier impulso que supere los 60 dólares.

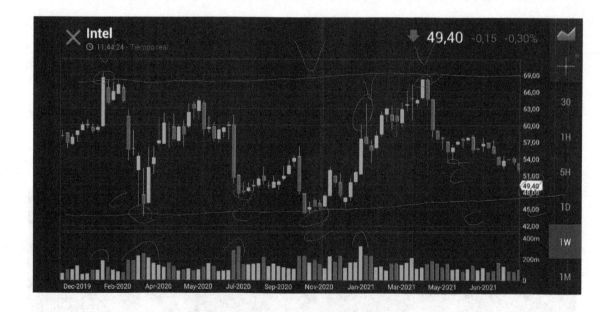

ACTIVISION BLIZZARD (Gráfica 1)

En esta gráfica con Time Frame mensual observamos el Techo/Resistencia a finales de septiembre de 2018, el que marcaremos con una "V" como referencia de zona de ventas institucionales y parámetro futuro. Luego comienza una tendencia bajista muy brusca que debemos observar desde afuera, pacientes, esperando el momento óptimo para ingresar. Observamos que a fines de septiembre de 2018 empieza a ocurrir algo que nos interesa mucho y es el incremento paulatino del volumen. Comenzamos a ver como el precio lentamente se estabiliza alrededor de los 45 dólares y se mantiene en ese canal de precios varios meses hasta que al fin rompe el canal lateral superando los 50 dólares y comenzando la tendencia alcista hasta su máximo histórico de los 100 dólares. Nuestra mejor compra debería haber sido en cualquier extremo inferior del canal lateral alrededor de los 43/45 dólares. Sabiendo que en el rango de 40/50 dólares se realizaron muchas compras institucionales podemos estar tranquilos hasta los 60 dólares mínimamente y ya a partir de ahí podemos ir manejándonos con stop loss para así asegurar la ganancia y simplemente dejar que cualquier corrección grande nos deje afuera con nuestros beneficios tomados. Podríamos hacer un segundo reingreso en esa gran corrección y acumulación en marzo/abril 2020 con un precio alrededor de 55/50 dólares y podemos estar tranquilos que, habiendo un reingreso de tanto dinero, mínimamente la acción va a ir a buscar esa resistencia en los 80 dólares y posiblemente los supere. A partir de aquí solo es cuestión de salirse arriba de los 80 con nuestro beneficio asegurado con algún stop loss puesto. Mas adelante vemos como la tendencia llega a su máximo de 100, pero no importa si estamos o no adentro aun ya que nuestros mejores trades seguros ya fueron hechos. A partir de junio de

2021 vemos cómo inicia una tendencia bajista con algunos puntos muy interesantes de

compras institucionales que nos dan pie para un futuro inicio de tendencia alcista y un

referente de precios de compras institucionales/profesionales.

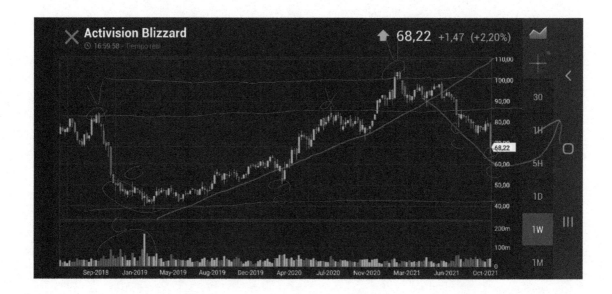

ACTIVISION BLIZZARD (Gráfica 2)

En esta grafica diaria de febrero del 2021 podemos observar claramente la última salida institucional aprovechando ese gap alcista y la euforia del público. Lo interesante en este grafico es el poco interés de compras luego de su caída de máximos de 104. Sin dudas sería un gran error intentar comprar luego de esa gran tendencia alcista y observar un casi nulo interés comprador en la corrección.

ACTIVISION BLIZZARD (Gráfica 3)

En esta grafica diaria de 2021 podemos observar al detalle que, a partir del 25 de julio aproximadamente, comienza a aparecer interés comprador institucional y comienza a gestarse una acumulación profesional/institucional. Vemos cuatro puntos de acumulación muy claros lo que significa que los institucionales están promediando sus compras en la bajada, sobre todo el ultimo, que ingresa una gran cantidad de dinero en esa caída en 66 dólares y esto nos da una franja de compras muy grande desde los 80 hasta los 65, por consiguiente podríamos realizar una compra alrededor de los 65 dólares o menos dependiendo de cómo se mueva el precio posteriormente ya que luego de una gran caída lo normal es que el precio se estabilice o lateralice un tiempo antes de despegar en una tendencia alcista.

BED BATH AND BEYOND

En este grafico diario de 2021 podremos observar claramente las zonas de ventas institucionales del pasado, ubicadas alrededor de los 40 dólares y observamos una tendencia bajista con un piso muy marcado, pero algo a tener muy en cuenta es que no se observa volumen de interés comprador en el piso alrededor de los 27 dólares, lo que es muy mala señal y no deberíamos comprar si no estamos seguros o no aparecen todos los parámetros necesarios para realizar una compra segura. Más tarde en octubre el precio tiene un gap bajista y ahí finalmente vemos una señal de compra institucional muy grande, esa gran caída es captada por un volumen enorme que lo más probable es que sean compras aprovechando la rotura del piso anterior y el miedo del público, pero este nunca es un buen momento de compra; a pesar de tener una muy buena señal debemos buscar alguna confirmación o un apoyo que nos deje más tranquilos a la hora de entrar en una posición compradora. Observamos que a lo largo de octubre se genera un piso y un claro incremento en el volumen general con respecto a los meses anteriores, esto nos puede dar una pista de que posiblemente estén acumulando muchas posiciones de compras institucionales y que ya es buen momento de compra para nosotros, ya que tenemos muy buenas señales a nuestro favor y podríamos realizar una compra bastante tranquilos en ese piso alrededor de los 13 dólares, para luego tomar nuestro beneficio arriba de los 18 dólares, poniendo un stop loss y subiéndolo de a poco para intentar sacar el mayor beneficio posible antes que el precio gire y nos deje afuera.

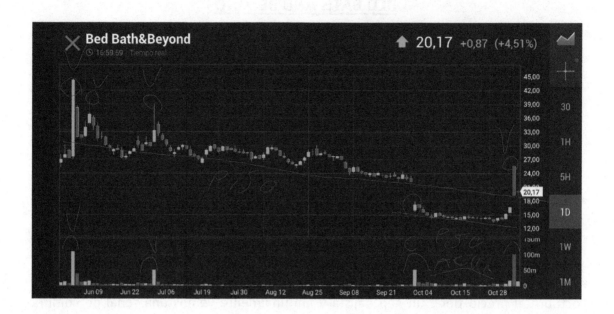

OCCIDENTAL

En Occidental vemos que en marzo de 2020 ocurre un gran gap bajista, cayendo desde los 30 dólares hasta los 15/10 dólares una caída bestial (vemos que entra un gran volumen de posibles compras). Teniendo en cuenta que el precio está muy castigado en esos momentos y observado que el volumen se mantiene alto y el precio parece no ir mucho más debajo de los 10 dólares (lo que posiblemente sea un piso y acumulación) comprar aquí no sería ninguna locura sino más bien muy sensato pensando en el largo plazo. Luego vemos ventas institucionales arriba de los 20 dólares, algo entendible por la toma de beneficios. Lo más lógico si hemos comprado anteriormente es salirnos en esta señal de ventas tan fuerte, para luego esperar tranquilos el momento de reingresar, lo que ocurre más adelante en noviembre de 2020 al ver que el precio regresa a los 10 dólares y respeta ese piso junto con un leve aumento de volumen. Aquí podríamos abrir otra posición de compra ya que tenemos varias señales a nuestro favor para abrir nuestra posición de compra. Estaremos atentos a salirnos cuando el precio regresa a la zona de ventas profesional alrededor de los 20 dólares y a partir de allí es solo manejarnos con un stop loss que nos deje afuera con nuestro gran beneficio. Posteriormente vemos como el precio sube aún más y entra en un canal lateral entre los 25/32 dólares pero, como tenemos un piso de compra tan lejano y estamos sobre una zona de ventas, yo personalmente no operaria en ese canal ya que no tengo la seguridad ni parámetros necesarios para predecir si el precio romperá el canal a la baja o continuara subiendo, simplemente prefiero estar afuera y buscar otra acción donde se cumplan las condiciones mínimas para operar tranquilo y seguro con mi método personal; hay que ser inteligente para jugar solo

cuando las condiciones nos favorecen.

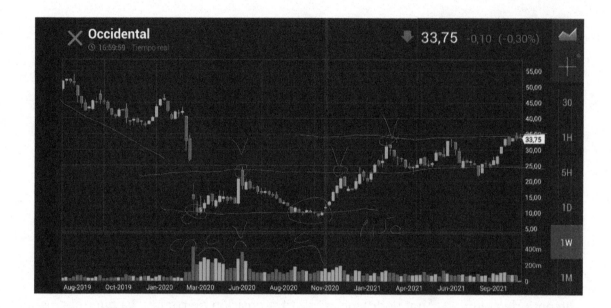

NETFLIX

En Netflix vemos que en abril Netflix llega los 560 dólares y a partir de ese máximo observamos un gap bajista hasta los 510 con una gran aparición repentina de volumen institucional, algo a tener en cuenta pensando que muy posiblemente hayan sido compras, pero al ser la única señal que tenemos deberíamos esperar alguna confirmación posterior o algún marco de seguridad técnico que nos dé una entrada más tranquila. Observamos que el precio continúa con una caída hasta los 480, donde observamos un aumento de volumen de posibles compras que, al parecer, frenan la caída y genera un piso entorno a los 480 dólares. Vemos que ese piso formado es muy respetado por el precio y muy bien soportado por lo que podríamos abrir una operación de compra alrededor de los 480/490. Más adelante el precio se dispara hacia arriba pero observamos que luego ocurre una trampa alcista, esto es que el precio llega casi a los 560, entra un pequeño volumen de ventas institucionales para engañar al público haciendo retroceder el precio de manera muy vertical, pero más tarde aprovechando ese mismo impulso bajista aparece una gran compra institucional y el precio se frena en seco respetando el piso anterior dándonos más pistas de que la visión profesional es sin dudas alcista, y en caso de no haber entrado anteriormente o de habernos salido por miedo, este es el momento más óptimo para entrar relajados. Teniendo varias señales institucionales de visión alcista simplemente esperamos con nuestra acción comprada viendo esa gran tendencia alcista y los puntos de distribución/ventas institucionales aprovechando el Fomo/euforia del público. Con toda esta distribución por encima de los 600 dólares buscaremos salirnos en algún pico de alto volumen o que nos saque nuestro propio stop loss puesto en alguno de esos picos de distribución. Ya que luego de una distribución institucional lo más probable es

que ocurra una caída o tendencia bajista del precio y cuando el precio se acerca a la

zona de ventas profesionales habiendo comprado anteriormente nos interesaría

salirnos.

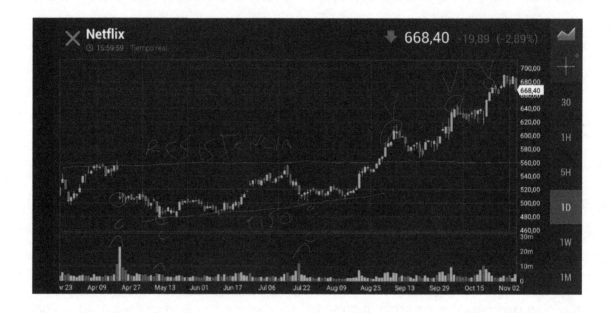

BANK OF AMERICA

Aquí vemos una gran acumulación al final de esa tendencia bajista. En puntos estratégicos donde el miedo del público es máximo ocurren picos de gran volumen institucional, que impulsan el precio hacia arriba con posibles compras. Luego de esos tres puntos de gran acumulación profesional el precio parece crear un piso y cambio de tendencia alrededor de los 38 dólares, donde podríamos abrir una posición de compra para beneficiarnos de la futura tendencia alcista. Vemos como el precio sube hasta los 42 dólares y entra en un canal lateral rebotando entre 40 y 42 dólares, pero sabemos que alrededor de 37/38/39 dólares anteriormente acumularon muchas posiciones compradoras por lo que intuimos que lo más probable es que esa lateralidad en 42 se rompa al alza. Pero lo que ocurre es algo muy interesante, se rompe a la baja ocurriendo una trampa para alcistas y rompiendo todos los stop loss del público por debajo del canal, apareciendo un gran volumen institucional en los 39 en esa misma rotura de stops del público. Esto nos indica que ese movimiento fue una manipulación para que el precio se dirija hacia la dirección inevitable alcista y posterior distribución profesional por encima de los 44 dólares, donde nosotros buscaríamos salirnos por encima de esos precios.

LOWE'S

En el grafico diario entre abril y mayo se observa un techo de ventas institucionales en la zona de 205/210 dólares y una tendencia bajista con tres zonas de compras bastante marcadas en 195/190/185 por lo que a partir de estas observaciones podríamos posicionarnos en compra alrededor de 185/190 cuando vemos que el precio ya no continúa en tendencia bajista y entra en un rango lateral. Alrededor del 18 de agosto vemos una clara manipulación del precio con una caída potente y gran aparición de volumen, rompiendo el mínimo anterior en los 185. Esto logra dejar a gran parte del público afuera ya que suelen saltar los stop loss colocados debajo de ese último mínimo y el público entra en pánico por perder el soporte del precio en 185, pero vemos cómo rápidamente el precio se recupera al otro día con un salto e impulso alcista, por lo que esa manipulación simplemente fue para adquirir liquidez y mayor acumulación de acciones por parte de los institucionales. Si aún fuimos lo suficientemente fríos para mantener nuestras posiciones de compras anteriores, solo nos queda vender nuestras posiciones por encima de 215 ya que es obvio que todas las compras institucionales tienen que ser distribuidas/vendidas por encima de esos precios comprados por los institucionales y así ellos obtener un beneficio de sus acumulaciones anteriores. Por arriba de los 215 simplemente es manejarse con algún stop loss e ir subiéndolo de a poco para intentar sacar el mayor beneficio posible antes de que se termine la distribución.

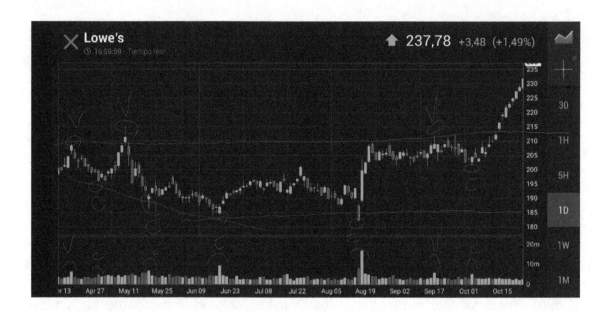

MASTERCARD

Aquí vemos claramente que los institucionales venden sus posiciones arriba de los 370/380 con picos de ventas muy marcadas, y por el contrario, observamos algunas pequeñas acumulaciones alrededor de los 360 que vuelven a impulsar el precio al techo en 390 dólares. Personalmente no operaria ese rango de precios ya que considero que el riesgo beneficio no vale la pena; de 360 a 390 porcentualmente hablando es un rango de recorrido del precio muy bajo, de poca ganancia, como para intentar comprar y vender en ese pequeño rango pero más adelante acurre algo interesante que llama mi atención: en septiembre el precio cae por debajo de 360 y aparecen volúmenes de compra alrededor de 340, por lo que sumadas a las anteriores acumulaciones en 360 ya podemos ver un rango de acumulación más extendido e interesante con respecto al techo de 400, por lo que considero que el precio comienza a ser más interesante para abrir una operación de compra alrededor de 330/340 pensando en el largo plazo y en tener un buen marco de seguridad y riesgo/benéfico. Podríamos esperar un par de días más a ver si el precio deja de caer y se estabiliza o abrir una operación de compra en este momento, ya que podríamos aprovechar el inmenso volumen de compras que apareció al romper ese piso en 340. Luego simplemente venderíamos por arriba de los 370 mínimo y estando atentos a las ventas institucionales.

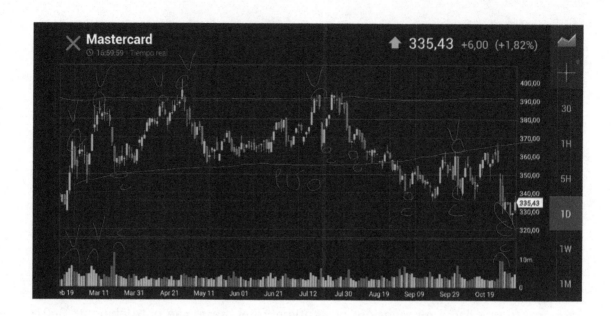

Gráfica de volcados de acciones

A continuación, te mostrare algunas gráficas de volcados de acciones donde los institucionales se deshacen de sus acciones rápidamente, aprovechando la euforia del público. Podemos observar fácilmente que cuando ocurre el volcado aparece un enorme volumen en sus picos máximos, esto se debe a la velocidad con que venden sus posiciones contra el público que es la contrapartida que compra posiciones en esos momentos. Son puntos estratégicos de ventas masivas profesionales que aprovechan la poca experiencia y capacidad del público para operar estos movimientos a su favor.

ACLARACION: bajo ningún motivo recomiendo invertir e intentar beneficiarse de estos movimientos en estas acciones de bajas capitalizaciones, ya que suelen tener movimientos muy erráticos y son manipulados con mucha facilidad. Estas acciones de bajo valor tienen un riesgo muy alto al operarlas ya que muchas veces, de la noche a la mañana, sin previo aviso el precio suele desplomarse pudiendo perder considerablemente su valor en 1 día.

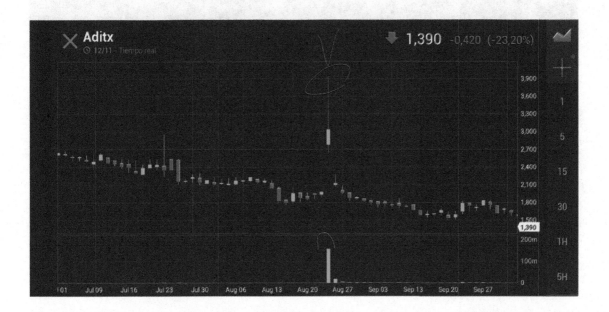

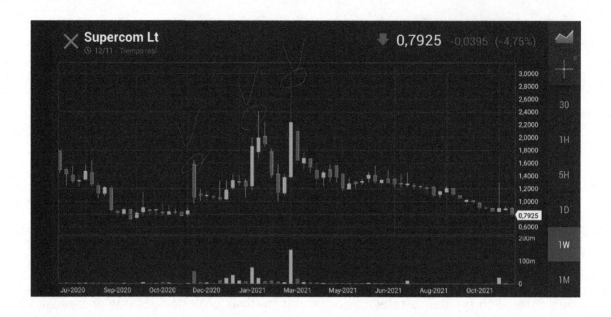

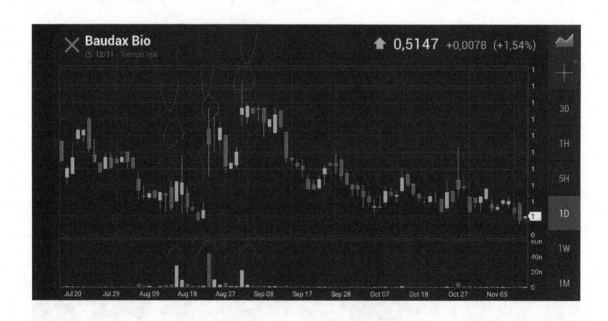

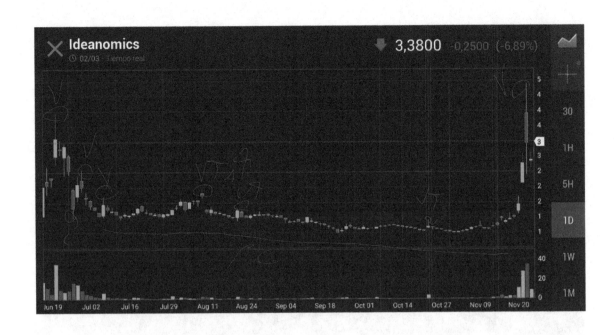

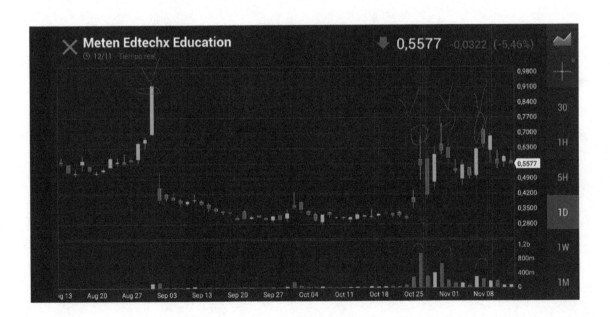

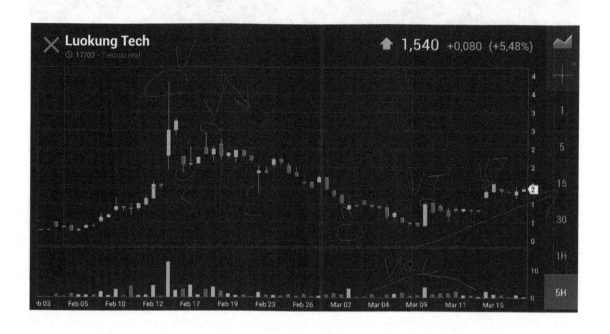

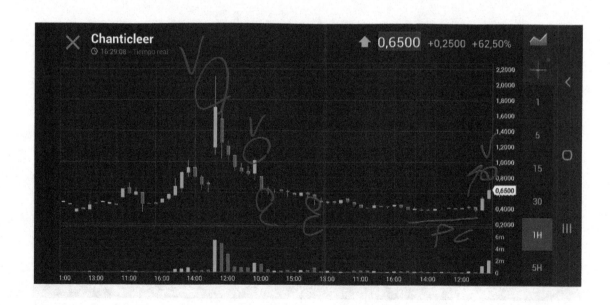

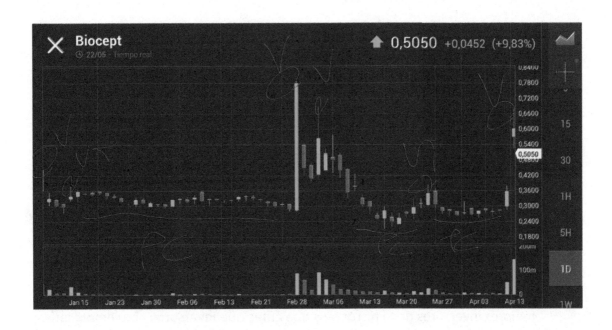

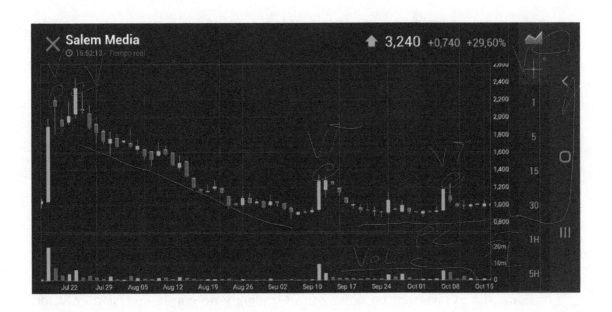

Los 14 errores más comunes al invertir

1. ## No entender lo que significa invertir en bolsa

   Es posiblemente el error más habitual que básicamente nos lleva a adentrarnos al mundo de la inversión en bolsa como una mera forma de especulación. Olvidamos por completo la parte más útil de la bolsa, que es la financiación de empresas y proveer de liquidez al mercado, nos olvidamos de entrar como accionistas de una empresa para formar parte de esa empresa y obviamente también para ganar dinero con esa inversión. Si algo tienen en común los mejores inversores de la historia es que antes que inversores eran empresarios, y por lo tanto pensaban como empresarios a la hora de invertir. Cuando fue la última vez que invertiste en una empresa cotizada porque querías formar parte del negocio de esa empresa y no únicamente porque querías comprar y vender una ganancia rápida. Esta tergiversación de inversión es lo que nos lleva a dejar a un lado el largo plazo que resulta ser lo más seguro y rentable, y centrarnos en el corto plazo, que resulta ser lo que lleva a un alto porcentaje de especuladores bursátiles a perder dinero de forma recurrente en sus inversiones.

2. ## Comenzar con el trading

   Comenzar la inversión en bolsa con el trading y no con la inversión en valor. Cientos de anuncios nos invaden cada día con la idea de ganar mucho dinero diario con el trading. El problema es que esos anuncios únicamente venden aire… el 90 por ciento de los traders pierden dinero recurrentemente año tras año, mientras que el 90 % de los inversores que invierten de forma diversificada a un plazo de 10 años suelen ganar dinero. Las estadísticas están en contra del trading y a favor del largo plazo; casualmente los traders que más dinero ganan son los traders que son millonarios, ésto sucede no porque hagan trading sino porque ganan dinero enseñándole a miles de traders a intentar conseguir lo que ni siquiera ellos han conseguido. En estos momentos el trading es un juego donde compites también contra un sistema algorítmico diseñado para que pierdas y muy pocos traders vencen a la máquina.

3. **Pedir prestado para invertir**

Por muy claro que tengas que es un buen momento para invertir en el mercado o por muy claro que tengas que tus habilidades para ganar dinero en bolsa especulando con acciones son increíbles, nunca se debe pedir dinero prestado para tal fin. En la bolsa nunca hay garantías de que todo vaya a ir bien, de echo el consejo más plausible para cualquiera que desee invertir en bolsa es que invierta un dinero que no necesite y que, incluso llegado el momento, pueda perder. Si pides un préstamo para invertir no solo estarás restando rentabilidad a tu inversión en caso de ganar, sino que, además en caso de que la inversión salga mal, no solo habrás perdido tu dinero sino que además quedaras endeudado.

4. **Desconocimiento en algún punto de la inversión**

No entender la inversión, no entender el producto de la inversión o no entender el negocio de la empresa. Este error trata del desconocimiento en cualquier punto de la inversión. Invertir una vez en bolsa y ganar no te convierte en un genio o en una leyenda de la inversión. En el momento de la inversión tenías un 50% de posibilidad de que te saliera bien y un 50% de posibilidad de que te saliera mal. Nadie se convierte en un genio por acertar un cara o cruz, algunas personas deciden introducirse en la inversión en bolsa sin tener ni un ápice de conocimiento de cómo funciona el mercado, simplemente han visto que otras personas ganan dinero con la inversión y cometen el error de pensar que ellos pueden hacerlo también, sin haber dedicado el mismo tiempo que otras personas a estudiar un mínimo de los conceptos de inversión. Otras personas comienzan a usar vehículos de inversión que no dominan, como por ejemplo las opciones, los futuros o CFD, llevándose sorpresas cuando su inversión se tuerce. Y por último, tendríamos otro error a la hora de invertir que sería invertir en una empresa simplemente porque está subiendo mucho o ha caído mucho y se ha quedado en un precio que dicen los analistas que es bueno, en cualquier caso deciden invertir sin saber nada de la empresa en la que invierten, sin analizar lo más mínimo de dicha empresa ni la de sus competidores. Toda ganancia en este tipo de operativas no dejara de estar dentro de la pura suerte y la suerte en la inversión no suele durar mucho tiempo.

5. Impaciencia

Seamos realistas, la mayoría de personas que se introducen en la inversión en bolsa no quieren esperar 10 o 15 años, quieren ganancias y las quieren ya. Las estrategias ganadoras en bolsa pasan por los beneficios y la reinversión de beneficios; pasan por invertir en empresas que paguen buenos dividendos y reinvertir esos dividendos. La inversión en bolsa más rentable pasa por hacer uso del ya conocido interés compuesto, así se logran las grandes fortunas; como dijo un famoso inversor "la buena inversión es más parecida a ver crecer la hierba, no es algo divertido no es algo emocionante, sino que requiere su tiempo". El problema con esto es que muchas personas no comprenden que los multimillonarios no se han hecho ricos con la inversión en bolsa, sino con sus empresas o su actividad profesional consigioendo su dinero ganado por otra fuente de ingreso. A mayor capital generado por tu trabajo o negocio, mayor capital podrás invertir en bolsa, y antes lograras tus objetivos. Dicho de otra forma, los buenos inversores antes de buenos inversores son buenos empresarios o buenos hacedores de dineros por otras vías.

Quédate con esto: la bolsa no te hace rico, sino que te ayuda a multiplicar tu riqueza. Si eres una persona que cada mes puedes invertir cierta cantidad de dinero en los mercados necesitaras de paciencia para que tus inversiones den fruto.

6. Intentar subirte a trenes en marcha

Hay empresas cotizadas que hoy se disparan un 15%, mañana otro 30% y no queremos quedarnos fuera de dichas rentabilidades, y entonces aparece otro error muy común que es entrar en ese tren en marcha justo para ver cómo se detiene y comienza a corregir su rumbo en dirección contraria. En bolsa el visionario gana dinero, los que siguen al visionario ganan dinero, los que se suben a la tendencia ganan dinero, pero los imprudentes van al matadero. Antes de invertir en una empresa o un mercado alcista asegúrate siempre de no ser el imprudente. Debes saber que más del 60% de los inversores actúan como imprudentes, y es por eso que el error más común de los inversores es comprar en los picos máximos de la subida y vender en la parte más baja de la bajada, es decir comprar y vender justo en el peor momento, y esto básicamente sucede porque la inversión en bolsa es una cuestión psicológica, compramos con la codicia y vendemos con el pánico.

7. Influencias de las masas

Es muy fácil dejarse llevar por las inversiones de moda, por las empresas del momento. Esto nos lleva a invertir en empresas cíclicas o sectores que están dando forma a una burbuja a punto de estallar. Incluso nos lleva a invertir en empresas que están subiendo y nadie sabe siquiera por qué están subiendo. Si algo nos han dejado en claro los inversores de éxito es que lo más rentable en la inversión en bolsa es invertir a contracorriente, es decir, comprar en los momentos en que la masa se está deshaciendo de sus inversiones debido al pánico y recoger beneficios cuando la burbuja esté ya demasiado inflada con el fin de evitar ver como nuestras inversiones pierden valor ante el peligro del estallido. El momento de entrada en la inversión en bolsa ya nos asegura no solo el éxito en nuestra inversión, sino una rentabilidad mucho mayor; nadie se ha hecho rico comprando caro y vendiendo barato.

8. La inversión en bolsa no es para ti

La inversión en renta variable no es para todo el mundo, si haces una inversión en bolsa y esto te genera incomodidad en todo momento, si tienes necesidad de controlar tu dinero invertido cada hora del día o si no duermes bien porque has invertido en bolsa, es muy probable que este tipo de inversión no sea para ti. Quizás estarías más cómodo con menor rentabilidad en renta fija. Por otra parte, en ocasiones, lo único que falla y nos preocupa es que hemos invertido en una empresa cometiendo muchos de los errores de inversión de los que estamos hablando y en el fondo sabemos que nuestra inversión está mal echa.

9. Diversificar en exceso

La mayoría de los inversores saben que no se deben poner todos los huevos en la misma canasta, aunque muchas ocasiones cometemos el error de diversificar en exceso introduciendo en nuestra cartera todo tipo de empresas e industrias, no siendo conscientes que con aquellas empresas que tengamos una alta rentabilidad, esa rentabilidad será comida por aquellas empresas que generan perdidas. En ocasiones el exceso de diversificación solo muestra que el inversor no está preparado para invertir.

10. No diversificar

Otro error muy común es lo contrario al punto anterior, que es No diversificar e invertir todo nuestro capital en una sola acción. Por muy seguros que estemos de algo no podemos invertir todo nuestro capital en un solo valor, pues pueden ocurrir muchas cosas en el mundo de la bolsa; no obstante cuando hablamos de diversificación no solo hablamos de hacerlo en diferentes valores e industrias sino en diferentes productos de inversión, es decir, un porcentaje de nuestra cartera en renta variable y otro porcentaje en renta fija, como pueden ser bonos, depósitos, etc. Quizás invertir en oro o alguna materia prima, en ciertos momentos el oro y la plata actúan como un seguro de protección de riqueza, no obstante en estos casos todo dependería del capital de inversión que dispongamos y de otros factores que se deben analizar.

11. Invertir antes de quitarnos deudas toxicas

Por algún motivo algunas personas no comprenden que la mejor inversión que existe es pagar préstamos y créditos con altas tasas de interés en nuestra contra. Cuando hablamos de deudas toxicas rara vez encontraras inversión más segura y rentable que invertir en el pago de la deuda, pues ya es una rentabilidad asegurada; cualquier persona que tenga deudas toxicas no debería comenzar a invertir hasta que las haya eliminado por completo.

12. Invertir como Warren Buffett

Tú no eres Warren Buffet. Sabemos que Buffet puede permanecer invertido en una empresa a lo largo de todo el proceso de una crisis, es decir, aunque sepa que su cartera de acciones va a disminuir un 40% él decide mantenerlas ya que es consciente de que el mercado volverá a subir y considera a sus empresas sólidas. De hecho el propio Buffet dice que si no tienes estomago para ver caer tu inversión un 50% no deberías invertir. Pero por qué ver caer tus acciones un 50% si puedes evitar las caídas. Tú no eres Buffet, no tienes los ingresos anuales de Buffet y por lo tanto si puedes añadir más rentabilidad a tu inversión mucho mejor así que, si prevés una fuerte corrección, la entrada en una recesión o algo similar, por muy claro que tengas que durante la corrección tus acciones volverán a subir, siempre es mejor aprovechar para sacar tu capital intacto, esperar la cotización más abajo y con el mismo dinero comprar muchas más acciones.

13. No asumir una perdida

A veces fallamos, no hay más... todo el mundo se puede equivocar y tú no eres una excepción, lo que importa es lo que haces una vez que te equivocas y sobre todo si vas a reconocer tu error a tiempo o no. Aquí entran muchos factores emocionales y psicológicos en juego, a nadie le gusta perder dinero y la bolsa tiene la ventaja de que no haces efectiva una perdida hasta que vendas con pérdidas, mientras no vendas siempre tienes la esperanza de que el valor se puede recuperar, pero a veces es más efectivo recortar tu perdida en un 10% que poner en riesgo toda nuestra inversión, y esto lo hemos visto muy a menudo en personas que acumulan hasta un 40% de pérdidas en una empresa sin haber nada a favor de dicha empresa, mantenían su inversión sin saber por qué, lo único que sabían decir era no voy a vender con un 40% de pérdidas... su razonamiento les hizo perder la totalidad.

14. <u>Vender ganadores y mantener perdedores</u>

Encontraríamos el inexplicable motivo por el que nos quedamos con empresas en las que tenemos perdidas y vendemos empresas que nos están dando ganancia. El razonamiento es claro: vendo empresa ganadora para recoger beneficios antes que se tuerza mi inversión y al mismo tiempo me quedo con las empresas perdedoras hasta que se recupere; la experiencia y las estadísticas dicen que aquellas empresas que están en tendencia alcista continuarán su tendencia alcista mientras que las que están en tendencia bajista continuarán bajando. Eso sí, en ambos casos mientras dure la tendencia deja que sea el mercado el que te saque de las empresas ganadoras, es decir, coloca un stop loss dinámico o ascendente, que se vaya acoplando el precio de cotización y que salte cuando el mercado corrija ese porcentaje definido en el stop loss, no antes. Y con respecto a las empresas perdedoras quizás haya que repasar el punto 13, cortar una perdida según cual sea el caso de la bajada en la cotización.

Un consejo extra pero no por ello menos importante: el error de los errores es no aprender de nuestros errores, todo error es una lección de aprendizaje siempre y cuando aprendas de él. Cuanto más dinero nos haya costado el error que hemos cometido más cara nos habrá salido la lección y por lo tanto más valioso habrá sido el aprendizaje, pero si no aprendes de ese error y lo vuelves a cometer todo habrá sido perdida.

Psicología del trading: cómo piensa un trader profesional

- **<u>Piensan en probabilidades</u>**

  Los traders profesionales piensan en probabilidades, no adivinan. Ellos saben que tienen una ventaja... ¿y cuál es la ventaja? Su sistema. Su sistema les dice que ellos ganan 7 de cada 10 operaciones o que ganan 12 de cada 15 operaciones, ellos saben ese número, lo tienen a la mano en su bitácora, en su plan de trading, en su evaluación, ellos saben cuáles son sus números, confían en esa probabilidad que tiene el sistema. De esa forma saben que al final estarán en positivo, que al final su sistema los hará traders rentables. No se concentran en los resultados de una operación, incluso si les va mal en alguna operación en particular ellos saben que es solamente un resultado particular dentro de un bloque de operaciones, que al final los dejara en positivo. Ellos entienden muy bien que en el mercado existen muchas variables aleatorias que nunca son iguales, aparición de noticias, nuevos participantes actuando sobre el precio, sentimiento de los participantes y del mercado; manipulación, todas estas variables son incontrolables, por lo que el trader profesional sabe que lo único que puede controlar es su riesgo y su sistema de trading, sabiendo que su plan de trading pone las probabilidades a su favor en el largo plazo.

- **<u>Son disciplinados</u>**

  Los traders profesionales tienen la capacidad de seguir sus reglas sin ningún tipo de variación, todos los días hacen lo mismo. El trading se vuelve prácticamente mecánico, se vuelve muy aburrido, porque hacen lo mismo todo el tiempo, es un hábito. Su sistema es tan claro y lo hacen tan bien que es simplemente ejecutar el plan de trading sin ninguna emoción y de manera mecánica. Ser disciplinado es un gran reto para los novatos y las personas muy poco disciplinadas en la vida, ya que los principiantes demoran mucho tiempo, inclusive años de testeos, hasta encontrar su plan de trading, por lo que todo ese tiempo están en constante cambio probando métodos de trading hasta encontrar su plan de ideal y más eficaz de acuerdo a su operativa personal. Por otro lado, las personas poco disciplinadas tienden a saltarse las reglas o a evitarlas completamente, impactando negativamente en sus resultados, ya que un trader sin un plan de trading está condenado a sufrir con resultados muy poco satisfactorios en el largo plazo.

- **Gestionan sus emociones**

Ellos han aceptado en su mente la verdad del trading... que hay ciertas cosas que no pueden controlar. Saben que el mercado puede hacer cualquier cosa en cualquier momento determinado. Saben que no pueden controlar al mercado pero existe algo que pueden controlar y son sus emociones. Esta es una gran diferencia respecto a los novatos, los novatos se dejan llevar por emociones y suelen seguir al rebaño terminando la mayoría de las veces en el matadero. Luego se preguntan por qué fallan y la mayoría de las veces operan mal impulsados por "Fomo" (excitación, euforia o miedo), emociones que muchas veces ciegan a la gente y no logran ver el peligro u oportunidades que tienen en las narices... el trader profesional actúa sin emociones y con disciplina.

- **Trabajan sobre si mismos**

Se enfocan en desarrollar primero las habilidades mentales, en esa reprogramación de la mente saben que es clave enfocarse en la mentalidad e interiorizar la naturaleza del trading, saben cuáles son sus fortalezas y debilidades y trabajan en ellas. Por el contrario, el trader novato cree que simplemente con un sistema de trading es suficiente para ser exitoso y no se da cuenta que el trading tiene un componente psicológico muy grande que muchas veces los lleva a cometer errores ilógicos, debido a que no tienen el marco mental adecuado para moverse satisfactoriamente en el mercado; los novatos terminan siendo ellos mismos sus propios oponentes y terminan siendo derrotados por sus propios demonios.

- **Se enfocan en el proceso y no en el resultado**

Los profesionales ponen atención a lo que pueden controlar... su gestión, sus emociones, sus comportamientos, su actitud, sus hábitos pre operación. Ellos comprenden que en cierta medida sus resultados no dependen meramente de ellos mismos, porque tener un patrón, una probabilidad, no garantiza que el precio hará lo que yo quiera porque existen variables incontrolables, como nuevos operadores que empujan el precio, manipulación en el precio, noticias inesperadas, ellos no pueden controlar eso...; definen el proceso antes de la operación, durante la operación y después de la operación; saben que esto sí pueden controlarlo; ellos mejoran sus comportamientos y desarrollan la mejor versión de sí mismos, trabajan en el proceso, saben que es inútil preocuparse o gastar energía en cosas que no manejan pero sí pueden enfocarse en el proceso que controlan, sabiendo que el resultado llegará por si mismo.

- **Son flexibles**

Los profesionales son flexibles se adaptan a la información que el mercado les da momento a momento.

Vamos a suponer que se entra en una operación porque la acción está en una zona de compra. El precio puede rebotar, se entra teniendo la salida en el siguiente nivel de resistencia que está a 5 dólares de la entrada y todavía queda camino, entonces tal vez a mitad de camino se presentó una noticia de mercado en el que todas las acciones de forma armónica están cayendo, y se está adentro en compra entonces se puede decidir cerrar la operación simplemente porque se creyó conveniente en ese momento de acuerdo a la experiencia.

Los profesionales son flexibles no tienen una mentalidad cerrada; por ejemplo un novato en su misma situación tal vez pensaría: yo no cierro mi posición hasta que el precio llegue hasta donde yo creo que llegara, para luego ver como esa posición que era ganadora se dio vuelta hacia abajo por las noticias y no paró de caer dejando al trader novato en negativo por no saber adaptarse al mercado. El trader profesional lo tiene muy claro, el único que tiene la razón el 100% de las veces es el mercado, por este motivo sabe que existen ocasiones en que se debe ser flexible ya que el mercado es algo dinámico.

- **Confían y son seguros**

Ellos saben que el éxito no depende de elementos aislados, sino de un conjunto de elementos que los hacen triunfar. Saben que van a ganar porque tienen estos elementos, requisitos. El conjunto de elementos que hace que ganen son sus entradas, sus salidas, su riesgo, sus datos, su métrica, su marco mental, su sistema de trading, confían en sus métodos y los aplican sin vacilación. Normalmente un novato se pega a la pantalla, se muerde las uñas, su corazón se acelera, se llena de emociones y ansiedad... los novatos se sienten amenazados por el mercado, son inseguros y se encuentran inundados de emociones.

Gráfico de las fases donde entra el dinero y los estados de ánimo del público

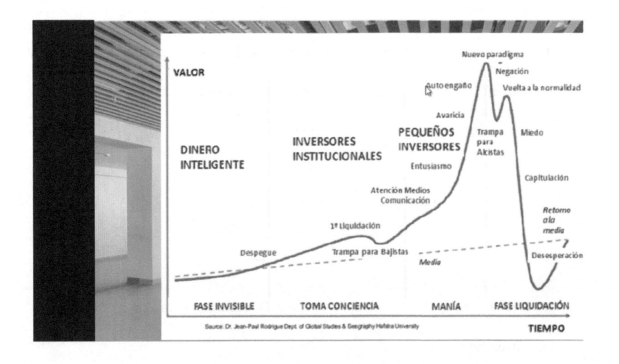

FRASES DE GRANDES INVERSORES Y CONOCEDORES DEL TEMA

- "el público siempre está en el mercado, por lo tanto, puede decirse que el público siempre sufre perdidas"

- "los principios del éxito en la especulación de valores se basan en la suposición de que la gente, en el futuro seguirá cometiendo los mismos errores que cometieron en el pasado"

- "yo no busco las rupturas, busco las advertencias"

- "de un modo y otro siempre estoy a la espera; se ha convertido en una costumbre"

- "he descubierto que la experiencia paga muy buenos dividendos, y que la observación te proporciona el mejor de los pronósticos"

- "nunca presto atención a los pronósticos"

- "la historia no se repite en ningún otro lugar con tanta frecuencia y uniformidad como en Wall Street"

- "el juego no cambia y la naturaleza humana tampoco"

- "el ego obstruye y por lo tanto el pensamiento no es tan profundo y exhaustivo"

- "cuando un hombre hace su juego en el mercado, no debe permitirse a sí mismo establecer opiniones"

- "el momento adecuado, el timing, solo se descubre con la lectura correcta de la cinta"

- "sí comienza bien, su posición beneficiosa no se verá amenazada y entonces no encontrará ningún problema para sentarse y esperar"

- "mi idea es la correcta, mi operación es la indicada, pero su ejecución debe ser en el momento adecuado"

- "no demasiado pronto, ni demasiado tarde"

- "no se trata de comprar lo más barato posible o de ir corto lo más alto..."

- "sino de comprar o vender en el momento adecuado"

- "sí necesitas preguntar a alguien mírate en un espejo"

- "la razón es que un hombre puede ver las cosas claras y directas y a pesar de ello tener dudas y volverse impaciente cuando el mercado tarda en hacer lo que él piensa que debe hacer"

- "lo que me venció fue no tener el cerebro suficiente para adherirme a mi propio juego, es decir, para jugar en el mercado solo cuando me satisfacían los precedentes que favorecían mi juego"

INDICE

AGRADECIMIENTOS

Muchas gracias por leer el libro, espero que haya sido de gran utilidad para ustedes... y que todos mis errores y experiencia logren beneficiar a mucha gente que inicia en el mundo de las inversiones en acciones.

Especiales gracias a familiares, amigos, conocidos y gente cercana que me apoyaron en este proyecto.

Espero que esto sea un hasta luego, y el inicio de más proyectos relacionados al tema en un futuro.

Contacto: jony.91.10jfl@gmail.com

Made in the USA
Las Vegas, NV
24 October 2023

79670612R00050